Överlevande
och andra dikter

Ingvar Holmberg

Överlevande
och andra dikter

Ingvar Holmberg, Norrköping Tel +46(0)706203977
Epost: ingvar.holmberg@telia.com
Hemsida: www.ingvarholmberg.se

ÖVERLEVANDE
och andra dikter

Copyright © 2024 Ingvar Holmberg
Förlag: BoD - Books on Demand, Stockholm, Sverige
Tryck: BoD - Books on Demand, Norderstedt, Tyskland
Omslagsillustration: Ulla Bondéus
Omslagsfoto: Qarin Holmberg
ISBN: 978-91-8057-738-0

INNEHÅLL:

FÖRFATTARENS FÖRORD

Dikten *Överlevande* som är titel på den här samlingen skrevs den 11 januari 2005, då tragedin i Sydostasien fortfarande till stor del förlamade Sverige och de andra drabbade nationerna.

Jag vill tillägna boken alla dem som överlevde flod-katastrofen – och dem som inte gjorde det.

Men dikterna i boken är en blandning av det som finns i allas våra liv, där vi försöker att överleva och finnas och också på något sätt hitta lite lycka, kärlek, glädje och frid.

Det kosmiska och komiska, det tragiska och "tradiga", mötet med människorna och med naturen på detta skimrande och farliga klot, längtan efter tro och gudsupplevelse och ögonblick av visshet, allt tillhör livet.

Överlevande, det är vi allesammans och tillsammans.

Ingvar Holmberg

Överlevande

Överlevande –
Ordet har en särskild klang.
Manar fram livsöden från
Titanic, koncentrationslägren,
Estonia och, nu senast,
flodkatastrofen i Sydostasien.
Bildreportagen och rapporterna
har strömmat ut över världen i två veckor:
gripande berättelser av
vanligtvis reserverade
svenskar om tacksamhet
över räddningen och livet.
Kanske mest gripande av allt –
babyn på madrassen,
som flöt omkring några minuter
mitt i kaoset,
och som flöt tillbaka in i föräldrarnas famn.

Kanske heter han Noa
efter en annan överlevande.

Överlevande –
är det inte vi allesammans?
Räddade och förskonade
gånger vi vet om
och gånger vi inte visste
vad som hotade oss,
men en skyddsängel, en osynlig hand
avvärjde hotet.
Är det inte tid för tacksamhet,
igen och igen?

Som häromnatten, då orkanbyarna
spelade plockepinn med träden i Småland,
det var sju som dog i Sverige,
men många, många var överlevande...
och tacksamma...

Och han på korset,
som gjorde oss alla till överlevande,
om vi vill,
är han inte värd vår tanke,
vår tacksamhet?

Nytvättat lakan

Vi står i köket -
sträcker och viker mellan oss
ett nytvättat, ganska slitet lakan.
Vi vet båda att vi har haft det
sen vi gifte oss för tjugoåtta år sen-
på det delat bädd,
fumlig, trevande kärlek
(och erfaren),
på det delat
smärtans och missförståndets tystnad
och försoning och vila.
Det är så med ganska många saker
i vårt hem -
slitna, skulle behöva bytas -
men är en del av livet och vardan,
en del av vår kärlek.

När jag var barn

När jag var barn
i de sydindiska bergen på femtitalet
gick dagarna fort
men tiden långsamt.
Biggles, Greven av Monte Christo,
Robin Hood och Tre män i en båt
var viktigare och verkligare än
tidningarnas nyheter
(men Koreakriget fanns i lekarna
och skrämde i tankarna).

När jag var barn tog paketen från Sverige
sex veckor minst och ett flygbrev en vecka.
Man kunde inte läsa morgondagens tidning
på internet,
och datorer hette datamaskiner
och fanns egentligen bara
i Heinleins böcker
(och dom som fanns i verkligheten
fyllde hela rum
och hade noll megabytes hårddisk).

När jag var barn
var veckopengen några annas*,
men karamellerna kostade
bara några paisa*,
och det var ändå värt
att gå en sväng i basaren
och ta en rykande varm dosai**
som mellanmål.

Vi sprang fort och cyklade ännu fortare
på den röda och den blå lånecykeln
på svenska skolan.
(Cyklarna hette fortfarande
Björns och Finns
efter pojkarna som åkt till Sverige
för länge sen.)

När jag var barn visste jag inget om
sex mellan människor,
fast jag hade sett
hundar och insekter "sitta fast".
Men kärlek och romantik
trängdes i mitt hjärta
från alla böcker
och en och annan filmvisning
på amerikanska skolan.

När jag var barn var jag den vildaste,
busigaste och ostyrigaste av alla,
men mina drömmar och fantasier
var fyllda av romantik och hjältedåd.
När jag var barn sparkade ingen
på den som redan låg på marken.

* *Den indiska rupin var i min barndom indelad i 16 annas.*
Varje anna var 12 paisa. Då var en rupi 1,1 sv. krona (medan
den år 2005 är c:a 20 öre)
** *Dosai - en sydindisk pannkaka av syrligt rismjöl. Äts med*
kryddstarka såser och skapar ett dovt begär för all framtid
(åtminstone hos någotsånär normalt funtade människor, dvs
människor lika författaren)

Timeout

När jag var barn
och leken rasade
och någon vrickade till foten
eller skrubbade knät,
sa vi "Pax",
och då blev det paus i leken,
lite andrum för att hämta andan,
för att smärtan skulle gå över,
innan leken rasade vidare.

Timeout är ishockeytermen
för en taktisk paus
i ett kritiskt läge -
hämta andan, finslipa taktiken
innan den sista anstormningen
för att vinna eller försvinna.

En och annan på den politiska hockeyarenan
tar numera timeout
när det plötsligt gick för fort
och man trampade snett
Plötsligt gjorde det ont,
men massmedias gamar
var inte lika barmhärtiga
som mina lekkamrater i barndomen.

De knuffas och hackar vidare,
när en vuxen, välklädd
och fräsig människa
men inuti liten och rädd
skulle behöva säga "Pax" - "Fred"
och få vara i fred en stund

för att hämta andan,
för att återfinna balansen,
för att smärtan ska gå över.

När jag var barn sparkade ingen
på den som redan låg på marken.

I min dröm

I min dröm är jag en riddare
beredd att rida ut
i en rättfärdig sak.
Blankpolerade vapen
ligger framför mig.
Att välja endast ett går inte,
så jag tar flera.
Trumpeten klingar.
Upp jag mig svingar
beredd att rida
beredd att strida.

I min dröm är jag ett sändebud
beredd att breda ut
min konungs rike.
Ovärderliga gåvor
ska öppna vägen.
Att välja endast en går inte,
så jag tar flera.
Dyrbart det glimmar.
Om några timmar
bortom land och vatten
visar jag skatten.

I min dröm är jag en resande
på väg att nå ett mål
där uppgift väntar.
Mångförgrenat vägskäl
finns framför mig.
Att välja endast en väg går inte
och ej heller flera.
Jag sitter vid bäcken,
och väntar på tecken.
Dagen må svalna.
Min eld får ej falna.

Maskrosglädje

Tjugo års
halvhjärtat trädgårdsinnehav
(i andras ögon
helhjärtad vanvård).

Fem förvildade trädgårdar
på mitt samvete.

Skönt att den villan är över!

Nu bor jag i lägenhet
i trygg förskansning
på tredje plan
(utmärkt plan).

Ohämmat
gläds jag på nytt
över tusentals
glada solar därute -
större och mer lysande
än tussilago.

Inte lika välkomna
men lika mycket bud om våren,
om obändig livskraft
och livets seger.

Purjolökspoesi

Där satt jag i stolen hos frisören,
kom att tala om lättnaden
över att inte ha trädgård.

Då kom han in,
nybliven pensionär,
senig och frisk.

När han talade om purjolök
och perenna blommor
blev det poesi av det:
Potatis direkt till maten
Jordgubbar i tallriken
utan att behöva skölja dem
Hasselnötterna
som mognar på busken
och därför smakar
så mycket mer än de köpta.

Och frisören
som har stuga på landet
med sällsynt, blåfärgad vitsippa,
talade också hänfört
om valnötsträd i Skåne
och vinbären i klasar.

Jag lyssnade
lite skamsen och lite förtjust.
Det var två skilda världar-
mina monsterträdgårdar
med segrande ogräs
och mossans erövringar

och deras paradistäppor
med poetisk purjolök
och jordgubbar direkt i tallriken.

Jag betalade
och gick mot dörren.
Den senige pensionären
sa till farväl med glimten i ögat:
"Du får nog skaffa dig
en trädgård igen."

Ute i det milda vårregnet
tänkte jag efter.
Lättnaden finns kvar
men också saknaden.
Tänk att ha purjolök
fylld av poesi.

Magnolia

Magnoliorna håller mig fången
inte bara i maj,
då de härskar,
behärskar mig
med mäktiga kronblad
och förförande doft.

Inte bara på våren,
då jag upptäcker den,
i ännu en trädgård,
lockande men svårnådd,
sig själv nog,
sydländskt varm
i nordisk svalka.

Också resten av året
står den där,
stark,
bidande sin tid,
får mig att tänka:

"Där är den.
Snart kommer den igen."
Och jag minns doften,
och jag minns de mäktiga kronbladen.
Magnolia, du vinner.
Jag ger mig
på nåd och onåd.

Jasmin

Högsommarens vita blomrikedom
när fruktträdens blomblad redan fallit
och gett plats för
små plommon, päron och körsbär.

Lysande i kvällsskymningen,
doftande i natten,
lockande på dagen,
ljuvlig att gå nära.

Inte lika förnämt damig som magnolian
men ungflicksfrisk
som en student i ny klänning,
som den första kärleken
och promenaden tätt intill varann
i sommarkvällens förtrollning.

Också när blombladen kantas av brunt
och faller som snöflingor
till en matta vid buskens rot,
finns doften kvar i luften –
och i mitt inre för alltid.

Att vara en resande

De kallar sig resande
och kallades tattare av andra.
En egen resandekultur,
rörliga bostäder,
eget språk och uttryckssätt.
Möttes av misstro och förakt
av det bofasta, tama folket.

Tänk om en resande inte var det
på riktigt –
inte hade det inom sig i kropp eller själ
utan bara längtade efter rötter,
murad eldstad och vitmålat staket,
vad svårt det skulle vara!

Jag är en resande.
I mitt blod, mina arvsanlag
måste det ha hoppat in
något från alla vandrande folk.
Alla slags resor, inre och yttre,
har en sjungande lockelse för mig.

Men en riktig resande är jag nog inte,
jag som så småningom alltid längtar hem.

Gammaldags resenär

Eftersom jag är en kristen
är jag ju en pilgrim –
en gammaldags resenär
med det urgamla målet
att vara på väg till en helig plats.
Egentligen är min bostadsort
bara en rastplats,
fast jag glömde bort det
och byggde mig fast
och gjorde det bekvämt för mig.
Mina föregångare sjöng:
"Vi bor ej här, vi blott härnere gästar",
men jag har ränseln
som prydnad på väggen,
och vandringsstaven stagar upp staketet.

I går gick några svettiga vandrare förbi,
och av dem hörde jag sången
om det nya Jerusalem.
Förunderligt skön ljöd den,
och plötsligt vet jag,
att det är dags att göra i ordning
vandringsskorna och det övriga.
Det är tid att gå.
Jag är en resande,
en gammaldags resenär,
en pilgrim

Jag vill gå med dig

Jag vill gå med dig, Jesus –
som Andreas gå med dig och se var du bor
och stanna med dig.
Jag vill fylla mig med dina ord
och forskande titta på dina anletsdrag,
se din gester, ana dina känslor
och känna din doft…

….tills du på nytt
fyller hela mitt synfält
och dina ord ekar i mitt inre
och mitt hjärta bultar vilt
efter att göra din vilja
och väcka din glädje.

Hur det kom sig vet jag inte,
men jag gick vilse mitt i din kyrka
och bland dina egna,
och plötsligt slog det mig
att jag visste svaren
men hade förlorat Svaret,
och jag kände metoderna
men hade tappat bort Vägen.
Och när jag skulle mana fram din röst
och dina anletsdrag,
så fanns de inte där,
bara suddigt och långt borta.

Därför är jag här nu, Jesus,
för att finnas hos dig
tills du finns i mig
och jag kan gå till någon och säga:
"Kom med mig! Vi ska träffa Jesus."
Här, nära dig, Jesus. Alltid

Bära hans färger

Segertåg i antiken –
generalens triumftåg i Rom –
sånger om segern,
soldaternas stolta marsch
med segrarens standar
och förskräckta krigsfångar,
halvnakna och vanärade.
Skrytande småpojkar
sitter med dinglande ben på muren:

"Ja, vi vann allt, vi.
Och vår general, han är starkast."

Segertåg i nutid –
när hemmalaget vann fotbolls-VM.
Vinnarnas färger lyser överallt
på tröjor och halsdukar.
Och vem som helst har rätt att ropa:
"Vi vann, vi vann. Segern är vår!"
Svettig berusning
och kramar till en okänd.
Målskyttens namnteckning
är värd en förmögenhet.
Alla bär hans färger.

Den största segern vanns för länge sen
på Golgatastadion där i Palestina.
Det är för två tusen år sen,
men ännu bär vi hans färger,
fler och fler bär hans färger.

Gång på gång möter jag de andra,
som också har
hans personliga namnteckning.
Den gäller för lite av varje,
ja, till och med inträdet
på den stora banketten,
segerfesten,
den nya tidsålderns
ojämförliga party
för dem som bär hans färger.

Fråga till Uppfinnaren

Finns det flera såna, månntro?
Medelålders
överviktiga svenskar
som har växt upp
i Kina och Indien
och talar engelska
och sjunger ryska
och äter franska
med stor förtjusning
som sjunger och skrattar
för det mesta
men i ensamhet gråter ibland
i nattsvart förtvivlan
och ynklig självömkan?

Finns det flera såna?
Som haft sitt hem
på arton ställen
i tre länder
som lämnat den trygga lunken
och väntan på pensionen
och hänger mellan jord och himmel
som tror att Gud är ute och vandrar
och trivs bättre
i sköra men dynamiska människorelationer
än i hårda kyrkostrukturer?

Finns det fler såna?
Kan man använda dom till något?

Det skulle jag gärna vilja veta.

Bollplank

Du är mitt bollplank, Herre.
Mitt ansikte är glättigt inför de andra.
Jag förvånas själv över hur jag skrattar och skämtar.
Du vet förvirringen, tomheten, vilsenheten.

Du är mitt bollplank, Herre.
Mina frågor studsar mot din tystnad.
Det gör inget att du är tyst nu.
Snart kommer det svar tillbaka, det vet jag.
Snart kommer din retur att slå hål
i någon av väggarna omkring mig.
Och jag kommer att se friheten därutanför - och vägen.

Du är mitt bollplank, Herre.

Fyllda 54 – men ändå glad

Ett glatt barn går väl an
men när man är fyllda 54..?

Trettitre år i yrket
utan att ha lyckats något vidare
- men ändå glad

Underutbildad och överviktig
- men ändå glad

Sjunger eller nynnar på stan
utan att ens vara berusad

Håll med om att det är onormalt,
skulle kunna vara sjukligt!

Kanske något måste göras.

Ja, så har jag tyckt själv ibland,
funderat över min abnormitet,
förbryllats av den återkommande kommentaren
"Vad glad du är!"
Och ibland har jag bett om ursäkt..

Nu ser jag det klart:
Jag är inget missfoster
och ingen idiot.
Det är en gåva livet gav mig,
ja, Gud själv.

Plötsligt ser jag det stora i
att den fortfarande finns kvar

fast jag är fyllda 54
och inte förut har förstått det hela.

Min glädje är plötsligt en rikedom,
inte en black om foten.

Om hela världen går klädd i svart,
så behöver inte jag göra det.
Jag tror jag ska klä mig i grönt och gult
och ha ljusblå sandaler
och en ukulele i handen.

Då kan ingen ta miste.

Alfabetisk psalm

Allting, ja himmel och jord, har du skapat, treenige Herre.
Bördorna ger jag till dig, Fader i himmelen.
Centrum i alltet du är, min Frälsare, Jesus Kristus.
Du är min källa, min kraft, helige Ande, så ljuv.
Ensam är jag aldrig mer, för du delar mitt liv och min
vardag.
Framtiden lägger jag tryggt i din barmhärtiga hand.
Glädjen du ger mig består, om än motgången ofta förföljt
mig.
Himlen kan ingen ta bort, även om hindren står för.
Ingen fördömelse finns i mitt liv. Jag är frikänd, befriad.
Jesu försoning och blod skyddar från varje dom.
Korset, som verkar som dårskap, ger mig för evigt
frälsning.
Liv, evigt liv har jag fått, del av gudomlig natur.
Mening med livet jag ser där andra tycks bara se kaos.
"Närmare, Gud, till dig", det är mitt motto nu.
Omvärlden ser jag med kärlek, för det är din värld som
ska räddas.
Persson och Alvarez – personer att ge Guds Ord.
Quito, Karlskrona och Cardiff behöver få höra om Jesus.
Rening från synd och skuld finns bara i Jesu namn.
Saligheten och nåden finns inte i andra källor.
Trygghet vid livets slut kan bara du oss ge.
Uppstånden är du, o Kristus, och min uppståndelse
kommer.
Vilan i jordens mull blir som en kort sekund.
Xylofoner och pukor, basuner och ljuvliga harpor –
Yr av all himmelsk musik ska jag till festen gå in.
Zenit är Herren Gud, Rättfärdighets-Solen som lyser
Åklagaren är dömd, Ormen är borta nu.
Änglar och människor dansar på evigt grönskande ängar
Övervinnare nu – med i din seger, Gud.

Regnet tvättar bort vintern från markerna

Regnet tvättar bort vintern från markerna
Det är mitt i mars, och vårlängtan växer.
I fantasin ser jag snöfläckarna under träden
som drivor av vitsippor,
men bokarna står kala och väntar tålmodigt.

Jag har kört i regnväder från
småländska höglandet.
När jag närmar mig Hallandsåsen
ändras både vädret och landskapet.
Blå himmel över öppna fält.
Tio vita svanar dansar balett på en åker.
En slalombacke och
andra fält av snö lyser vita,
men luften är full av löften,
sjunger om våren.

Med lätt hjärta närmar jag mig Båstad.

Vårdag på Bjärehalvön

Sjuttonde mars.
Sol från klar himmel.
Norrvikens camping har redan fått
de första säsongsuppställda husvagnarna.
Några skarvar står på stenarna ute i vattnet.
I Kattviks hamn är det än så länge bara
ett par fiskebåtar,
men vänta bara...

Där landsvägen korsar Skåneleden
får jag ett infall, ställer ifrån mig bilen,
vandrar leden vidare
över Knösen 154 meter över havet,
längs med blånande havet
och klippformationerna
vid Hovs Hallar.
Fåglarnas skrik över havet når mig.
Här bodde människor för flera tusen år sen,
bronsåldersfolket i varmt klimat.

En timmes vandring,
och värdshuset och bilarna syns.
Lunchen har just öppnat.
Jag njuter av skånsk värdshusmat
och utsikt mot havet.
Sen går jag längs landsvägen
tillbaka till bilen
med jackan över armen,
fyrti minuter förbi nyplöjda fält,
backar och hus och vinterkal bokskog.

På en åker står åtta hjortar.
Vi tittar på varandra,
väntar ut varann.
Jag tappar tålamodet först och går.
Står de fortfarande kvar och tittar
åt mitt håll?

Vitsipporna är oemotståndliga

Vitsipporna är oemotståndliga
i sin demonstration för livet
Fläck på fläck, ja matta vid matta
av obevekligt vänliga,
positiva, vita stjärnor.
Plocka dem i hundratal, ja tusental,
trampa bland dem, spring över dem,
det gör ingen skillnad.
"Vi är här, det räcker och blir över,
livet har vunnit en gång till.
Herren är uppstånden!
Rättfärdighetens Sol har gått upp.
Vi har uppstått. Solen lyser.
Vem har tid att vara mot?
Vi är för våren och för livet."

Påskdagsmorgon

De kom i soluppgången –
beredda med välluktande oljor,
beredda på barska vakter,
tung sten och liklukt –
väl förberedda mentalt...

men inte på detta –
stenen var borta och graven tom,
och luften var fylld av väldoft,
Marias nardusslöseri
för några dagar sen,
och en doft från Edens lustgård.

Bindlarna i graven
verkade ha varit på tvätt
i himlen i livets älv,
verkade ha hängt på tork
över en gren på livets träd.
Blommorna i trädgården
lyste gula i solskenet,
och musiken i vinden
var av rent guld –
som spröda klockor,
som stråkar över strängar.

Och i ögonvrån skymtade Någon...

Dagen sommaren kom

I dag kom sommaren till Lund,
överföll oss alla.
Som i trans
kom kaffekorgarna fram
och shortsen
och utemöblerna.

Under dagen växte
magnoliaknopparna ut
ett par centimeter.

De gamla damerna
med vinterkappa och pälskrage
såg lite vilsna ut
som om de kommit direkt
genom en bakdörr
från ett fjärran vinterland

I dag kom sommaren
överfallande
överraskande
välkommen.

När oxlarna blommar

När oxlarna blommar
är vår gata den vackraste i stan,
säger vi som bor här.
Har du läst morgontidningen i dag?
Inte den i brevlådan –
utan den utanför dörren?
De ljuslila syrenerna doftar i dag också.
Den första riktigt utslagna rhododendronblomman
tittar storögt på mig med sitt lila öga.
De två andra somrarna vi har bott här
har busken inte burit några blommor –
nu överraskar den oss
med massor av smycken.

I dag hade hägern kommit
till dammarna på golfbanan.
Lite skygg och mån om distansen,
några tunga vingslag för att säkra avståndet.
"Vida har du flugit
och mycket har du sett
sen vi sågs förra sommaren.
Välkommen tillbaka, du enslige aristokrat
bland kanadagässens och ändernas
stojande storfamiljer!
Har du någon maka någonstans?
Bland golfspelarna går ett rykte
att du är änkling.....
Värdigt klädd är du då för jämnan..."

39

Ögonfröjd

Bågnande ögonglober
sprängfyllda av sommarens skönhet
Lupinernas rosa, lila och vita hedersvakt
längs vägarna,
och bakom dem
hundkexens vita sommarhattar med flor.
En vinkande, vajande sommarparad
som säger: Passa på, nu är det dags
att gå barfota i gräset,
att klyva stilla, blänkande vattenytor,
omslutas av svalt, klart vatten
och att gå stilla mellan kolonnerna
i sommarkyrkan –
den doftande tallskogen.
Skaparen har stämt möte med dig,
och i hans utsträckta hand
ligger röda, solvarma smultron.

Badbok

Det var den sommaren
jag skrev badbok.
Sjutton olika badplatser vid havet
från Skanör till Seskarön vid Haparanda.

Jag skrev badbok,
och havet skrev dagbok
i min lyckliga kropp och själ.

Det silkesmjuka vattnet
och den vita sanden vid Skanör
glömmer jag inte

eller det friska, klara vattnet
vid ön i Trosa skärgård
med naturliga trappsteg
upp på klippan igen.

Men lekfullare än havet
var Kalix älv i flödande solsken,
ville dra iväg mig på upptäcktsfärd,
släppte mig högst motvilligt
ur sitt famntag.

Två veckor senare
rev översvämningen broar
och dränkte vägar
inte långt därifrån.
Det var den sommaren.

På Seierön vid Själland

Jag fyller mina ögon med skönhet
och min hud med sol
och min näsa med rosendoft
denna härliga sommardag
på ön i havet.

Jag låter min kropp omslutas av havet
och vinden och solen
och min älskades kärlek
denna härliga sommardag
på ön i havet.

Jag fyller mina öron med fågelsång
och vågskvalp och vindsus
och min älskades röst
denna härliga sommardag
på ön i havet.

Jag vet nog att det kommer andra dagar
med mörker, kyla och smärta.
Ett lager av sol, värme, skönhet,
rosendoft,
kärlek och fågelsång
kommer då väl till pass.

I stället för blåklockor

I stället för blåklockor
står cikorian vid kanten
av de danska landsvägarna –
stora blå ögon, vajande.

I stället för kaffe
maldes cikorians rot och serverades
på de svenska kaffeborden
under krigsåren
när kaffet från Sydamerika inte kom längre.

Det är inte många som minns det nu,
när tio sorters kaffe trängs
på hyllorna i kvartersbutiken.

Men vid de danska landsvägarna
står cikorian än och välkomnar
blåögt till bordet:
"Fånga dagen! Njut av det böljande landskapet!
Drick, fyll din själ!
Den korta nordiska sommaren är nu."

Stilla flyter ån

Stilla flyter ån –
Emån, inte Don.
Jag sitter på min ryggsäcksstol
ett par, tre meter från.
Solen tittar fram,
Belyser tallars stam,
Från raka orgelpipor
Kommer stilla toner fram.

Livet har sin gång
hela dagen lång:
Intill mig kom ett kryp på nätet,
spindeln tar ett språng.
Skiftningar i grönt,
blommor lyser skönt
i många färgnyanser –
räkna upp är inte lönt.

Mossan fjädrar mjuk,
och jag vore sjuk,
om jag inte nu och då
av detta gjorde bruk.
Men nu ska jag hem,
koppla upp mig igen
på internätet – hoppas dock
jag tar mig ur det sen.

Den förflutna sommaren

Sommaren har gått,
eller snarare förflutit,
regnigare än i mannaminne.
Juni, juli och augusti
gav 346 millimeter,
få bad men mycket svamp,
midsommarblomster i augusti,
grönt gräs och tusentals blåklockor
som muntert ringer in
ännu en regnig, men vacker dag
som gåva av Skaparen.
Grundvattnet är en halv meter
över det normala.
Vilken gåva i vattenbristens värld!
Och det regnar inte granater,
och själv är jag vattentät.
Tack, Gode Gud, för livet!

Trädrikedom

Nyss beräknade man antalet träd
i vårt land -
och än är Sverige rikt.
Femton tusen träd
för varje invånare.
Och nog vet jag
vilka som är mina.
Under många år
har jag skapat min kollektion
av ekar och tallar,
askar och bokar.
Och du skulle se min
jättelika idegran i Karlskrona
eller min fem meter höga en
utanför Jönköping.
Och alla mina rönnar, sen,
mina tiotusen rönnar......
Du skulle se dem om hösten.

Röda rönnar

Rönnarnas rad
i höstlandskapet–
en drottnings rubinhalsband,
överdådiga granatsmycken
för alla att se.
Frukter mest för ögat.
Förtjust smakar jag,
frossar jag
utan att bli mätt.

I lönn

Växer omärkligt,
blir till jätteträd.
Lövens smygande förvandling
till röda smycken,
konstverk spridda för vinden,
höstens röda slängkyssar
bakom min rygg.
Mycket sker i lönn.

Älgtorn

Det skulle kunnat vara
en predikstol för någon originell predikant
eller ett bevakningstorn
i gränslandet mellan två stater
men jag vet vad det är,
har sett det på många ställen förut:

Uppskjutningsrampen för
fredliga kontorsmänniskors
blodtörstiga drömmar
under en vecka i oktober,
platsen för timmar av väntan,
med ansträngda ögon där skuggor
blir till gråbruna tiotaggare
för några ögonblick.
Varm dryck i termos,
kalla händer.
Skottlossning,
röster i kommunikationsradio
och någon gång –
det magiska ögonblicket,
när den älskade fienden
syns i kikarsiktet
och skottet går av
och djuret faller och blir liggande.

De fräna lukterna,
det tunga slitet
med blodsmak i munnen,
skratten, de ivriga orden
om och om igen
innan tystnaden sänker sig över kalhygget,

de blodtörstiga har på nytt lagt av jaktknivarna
och de gröna jackorna
och bär kavaj och slips
och brottas med balansräkning och budget.

Och långt därborta i tystnaden
lyser halvmånen på
ett märkligt trätorn
i skogskanten
nära nyplanteringen,
uppskjutningsramp för drömmar.....

Porträtt ur Bibeln

Adam

Son av Gud -
den första människan
inte en defekt prototyp
utan en fulländad skapelse
som vandrar, sjunger och dansar
i lustgården,
herre över skapelsen, vän med alla väsen,
namngivare åt alla djuren.

Gryningsvarelse,
mänsklighetens soluppgång,
inom dig bär du ämnet
till alla människor.
Av dig och jämlik med dig
en livskamrat, en lekkamrat.
Klädda i Guds härlighet
vandrar ni i lustgården.

Ät inte av frukten!
Allt annat är ert, bara inte detta.
Den bittra eftersmaken
finns kvar i munnen för alltid.

Första Moseboken kapitel 2 & 3

Jakob

Ödesplatsen - Jabboks vad
Ovisshet, och Jakob bad.
Familj och boskap och ägodelar
sänts i förväg i lika delar.
Och nu var han ensam kvar,
många frågor men inga svar.
Kamp med Gud och slag på höften.
Brottning för att få Guds löften
och den egna välsignelsen
utan att lura till sig den.
Och i slutet av den natten
där från bäckens svarta vatten
halt och märkt för all sin tid
gick han ändå med Guds frid.

Första Moseboken kapitel 32

Hanna

Här är sonen jag bad Gud om,
visst är han fin?
Du såg mig i templet här en gång
med dyster min.
Inte visste du mitt behov,
varför jag grät,
men önska' mig frid och bönesvar
och resa mig lät.
Och så fick vi vårt barn till slut,
min man och jag.
Han visste jag lovat ge det igen
till Gud en dag.
Nu är jag här med gossen min
att honom ge.
Min stora önskan är att han blir
Guds tjänare.

Första Samuelsboken kapitel 1 & 2

Elisa

Hans mantel i mina händer
men ensam jag återvände.
Jag saknar honom så.
Hans brinnande ögon två
iväg mig sände.

Jag bad visst om dubbel kraft
- som arv - än vad han hade haft.
Mina ben känns som vatten,
jag sjunker in i natten.
Aldrig nånsin jag känt mindre kraft.

Och manteln, han kastade den
över mig för så länge sen.
Jag kände spänningen då.
Nu kom det för hastigt på
Jag hade behövt mer tid än.

Jag saknar honom så.
Ändå måste jag gå,
för det var hans sista bud.
Var är Elias Gud?
Ska jag på vattnet slå?
Andra Kungaboken kapitel 2

Ester

Jag, en föräldralös judinna
blev världens mest firade kvinna
som maka till persernas kung
den mäktigaste på jorden.
Nu är jag Ester - en drottning.
I skönhetstävlingens lottning
blev högvinsten persernas kung
den mäktigaste på jorden

Om min börd, mitt förgångna
såsom en av de fångna
jag tigit för persernas kung,
den mäktigaste på jorden.
Men nu hör jag om ränker,
mitt folk förgöra man tänker,
man ljugit för persernas kung,
den mäktigaste på jorden.

Fosterfar sa: "Det gäller
att du i bräschen dig ställer
och vädjar till persernas kung,
den mäktigaste på jorden."
Visserligen är jag hans maka
men döden kan jag få smaka
vid intrång hos persernas kung
den mäktigaste på jorden.

Lagen, den gäller för alla:
Han måste först på mig kalla.
Man stör inte persernas kung,
den mäktigaste på jorden.
Men om sin spira han räcker,

om nådigt han den mot mig sträcker,
då hjälper oss persernas kung,
den mäktigaste på jorden.

Nöden mitt folk tycks trycka.
Kort blev min paradislycka
vid sidan av persernas kung,
den mäktigaste på jorden.
Vad som en gång än blev skrivet
Nu måste jag våga livet
Nu går jag till persernas kung,
den mäktigaste på jorden.

Ester kapitel 4 & 5

Johannes Döparen

Ökenkärv överlevnadskonstnär
äter gräshoppor och vildhonung
predikar i kamelhårskläder
om omvändelse och dop.

Det är ingen image eller något PR-knep.
Han talar över huvud taget
inte om sig själv
utan om den som skall komma.

Hans röst ekar från Juda öken
till kungapalatset,
förebrår kungen hans synd.
Det som bara har viskats
sägs högt av en
som sätter överlåtelse och sanning
högre än överlevnad.

Så sätts han i kungens cell.
Den fria örnen sätts i bur.
Men innan halshuggningen
gör honom fri för alltid
har han ändå sett och döpt
den han banade väg för.
Så lyckligt lottade
är inte alla profeter.

Markus' evangelium kapitel 1 & 6

Jesusbarnet

Som litet, näpet Jesusbarn
du föds hit varje år.
I traditionens glasögon
du aldrig växa får.

Men hela tiden har du växt
från barn till vuxen man.
Du gav oss Himmelrikets text.
Hos dig vi svaren fann.

Som Läraren och Läkaren
du rört vid tusenden,
som smärtans man, Försonaren
besegrat Fienden.

Du dödens svepning växte ur
på ungefär tre dar.
Du sprängt förgänglighetens bur,
till himlen stigit har.

Ditt Rike växer dag för dag,
din närhet fyller allt.
Din vilja mer och mer blir lag.
Allt blir som du befallt.

Som litet, näpet Jesusbarn
vi ser dig aldrig mer.
Först nu så börjar jag bli van
som Kungars Kung dig se.

Och stjärnan över Betlehem
som lyst på stallets strå,
finns nu i Kungens diadem.
Vad han har växt ändå!

Tomas

Du kallades Tvillingen.
En gång tvivlade du
när du borde ha trott,
och sen dess
har du kallats Tvivlaren
i snart två tusen år.
Det verkar vara säkrare
att tro en gång för mycket.

Johannes' evangelium kapitel 20

Fostbrödralag

Förblödande, upphängd på Golgata där
förbinder Han såren på hela vår värld.
Nu bjuder Han fostbrödralag och förbund
till den som vill stå på försoningens grund.
Han ger oss allt vad Han äger och har -
himmel och jord och en himmelsk Far.
Vi ger vår kärlek och lyder och tror.
Tala om kristligt byte! Han blir vår bror.

Följ mig

Är du redo att följa hans ryggtavla strax,
då han säger "Följ mig!" och går?
Är du redo att släppa din filofax,
när han säger "kom, för nu är det dags.
Nu ska vi sprida Guds Rike och Pax.
Nu ska vi sprida Guds kärleks vår"?

Är du redo för ett maratonlopp
genom livet - att ge, inte få?
Vill du bli hans lärjunge och passopp
för att sprida kärlek, tro och hopp,
för att vara en del av Kristi kropp?
Bra, och nu vill jag att du hör på::

Gör dig då redo att se hans anletsdrag,
när ni går där tillsammans i bredd.
Gör dig då redo att genast, i dag
ha honom hemma hos dig ett slag,
bland dina vänner, ditt arbetslag.
Det passar bra, så var inte rädd.

Den som ger ska få, så sant är det sagt,
den som tjänar är verkligen fri.
Det som vi vid Herrens fötter har lagt,
blir förvandlat och rent av hans stora makt,
får glans av hans egen Kristusprakt,
för nu finns han här inuti.

Jag är redo att följa hans ryggtavla strax,
då han säger "Följ mig!" och går.
Jag är redo att släppa min filofax,
när han säger "kom, för nu är det dags.
Nu ska vi sprida Guds Rike och Pax.
Nu ska vi sprida Guds kärleks vår".

Matteus' ev. 9:9ff

Uppvaknande

Med krampkänning i en vad
vaknar jag -
lite irriterad
över att inte minnas mardrömmen,
den förtvivlade jakten
eller vad det nu var.
Nej, det är som vanligt -
en morgon som alla andra.
Jag mår utmärkt.

Bildskärmar

På ett sätt ganska lika-
de två bildskärmarna
i mitt hem -
ändå väsensskilda.

Den ena -
den elektroniska brasan
som vi samlas omkring,
ibland berikas av
men oftare berövas,
utarmas,
fryser samman,
tiger samman.

Smälter samman
med skenhjältar,
drömmer om djärva handlingar
men förtvinar omärkligt.
Varför leva
när man kan teva?

Den andra -
min elektroniska runsten
där jag försöker rista in
något som ska överföras
till andra.
Drömmen om ett budskap
till kommande generationer:
"Ingvar reste stenen
efter segerrik
hemkomst från Midgård".

Men är det lönt,
när halveringstiden
på en tanke är en vecka
och avskrivningstiden
på en ideologi ett halvår,
och när vi kanske är
den sista generationen?

Skriver lite
för säkerhets skull.
Stänger av.
Snart börjar "Vita Huset".

Cyklarnas stad

Lund, det är cyklarnas stad.
Oändlig tvåhjulingsrad -
svarta och gula,
prickiga, fula,
terroriserar vår stad.

Högsta fart helst ska det va',
gärna på var trottoar.
Fotgängarkrakar
fruktar och skakar.
Livet på spel varje da'.

Vanlig polisrapportfil:
"Cykel kör djärvt in i bil."
Och var uti fjärran
finns cykeln med kärran
och tre barn som skjutsas med stil?

Oförberedde bilist,
aningslöst trygge turist:
"I morrn är en skälm.
Bär plåster och hjälm.
På spänning du får ej nån brist."

Om du är rädd om ditt skinn,
vill du i Lund smälta in:
Låt bli promenera!
Din bil pensionera!
Men kasta dig på cykeln din!

Dataförlamning

Jag är sjuk
har drabbats svårt
av dataförlamning.
Tre trasiga datorer
skapar kaos i mitt liv.
Tangentbordsabstinens,
mus-stillestånd
och skärmförmörkelse
har slagit ut mig.

Fumligt och tafatt
håller jag papper och penna
i mina händer -
utan rättstavningsprogram
och *kursivstilsknapp*.
Dataförlamad-
från midjan och upp.

Om kärlek

Kärleken är större än förut

De vackra orden som jag skrev förut,
den skira poesin har tagit slut,
men kärleken är större än förut,
ja, kärleken är större än förut.

Jag älskar dina gester och ditt ansikte.
Din hud har mognat, och mognat har ditt leende.
Och kärleken är större än förut,
ja, kärleken är större än förut.

Du går här vid min sida varje da',
en vuxen och en mogen människa.
Och kärleken är större än förut,
ja, kärleken är större än förut.

Jag älskar dina ögon och ditt leende.
Du känner mig och vet precis hurdan jag ä'.
Men kärleken är större än förut,
ja, kärleken är större än förut.

Vår kärlek den är full av liv och blod,
en handfull himmel och en handfull jord.
Och kärleken är större än förut,
ja, kärleken är större än förut.

Doften från dig

Jag går förbi kontoret där du sitter,
arbetsbubblan med febril verksamhet
och många rörelser och röster.
Kan du känna att jag finns härute på gatan,
att jag söker dig med mina tankar
och min längtan?
Att jag kommer till dig osynlig,
närmar mig och rör vid ditt ansikte,
din mjuka kropp,
som jag känt nära så många hundra gånger?
Jag känner den lätta anstrykningen av citrus
i parfymdoften från dig –
ur flaskan med blå propp som jag gav dig.

Känner du att jag finns här?
Det gör du nog inte, hinner inte,
men mig gör det gott att tänka "kanske",
när jag går förbi
här ute på gatan.

Sjukrum 10 –
en diktsvit

På sjukrum 10

All kraft bara rann ut från mig.
Lunginflammation och svårfångad bakterie
slog ut mig på några timmar.
Alla prioriteringar ändrades.
Jobbet och planerna får de andra sköta.

Mitt arbete – andas in, andas ut, andas in,
andas ut, andas...
Min förbindelse med omvärlden –
slangen till syrgasen
tio liter i timmen
dag och natt,
illusionen av vattenström
i mina öron
när syrgasen går genom vattnet till mig.
Jag är trygg, så trygg
för jag kan inget göra.
En parad av vänliga ansikten,
en stafett av mjuka, starka händer
svävar framför mig
dansar genom mina feberdrömmar.

Hälsokällan

I nattens mörker
hör jag källan porla – hela tiden.
Tio liter i timman
strömmar in i mig
livgivande, tröstande
genom en navelsträng av plast
till masken över min mun.
Ibland känns det som om jag svävar
i luften i mörkret som en ballong
fylld av himmelsk gas,
men tryggt förankrad
genom den vita plastlinan
till min mun.

"Han leder mig till vatten där jag finner ro." / *Psalt 23:2* /

"En ström går fram vars flöden ger glädje åt Guds stad."
/ *Psalt. 46:5* /

En ström går fram,
Tio liter i timmen
bara till mig,
ända till mig,
inte bara till mina trötta lungor
nej, in i mina tankar,
in i min ande….

Jag ligger vid källan, alldeles stilla,
utan fysiska krafter,
men intensivt levande.

"Sedan andades han på dem och sade: 'Tag emot den
helige Ande!' "
/ *Johannes evangelium 20:22* /

Händer i hälsans tjänst

Händer i hälsans tjänst
skjuter missil på missil
på de onda fästena inom mig.
De små nålarna
på mina händer och armar
är kanonmynningarna
för antibiotikans skott
mot de lömska bakteriernas
terroristfästen i mig.
Både 20-milliliters tunga missiler
avlossade på minuter
och det tålmodiga, finkalibriga
prickskyttet under timmar i sträck –
dropp, dropp, dropp –
envis kamp mot de dödliga skyttarna
i sina gömställen.
Tålmodigt sträcker jag ut mina händer
för händerna i hälsans tjänst –
de tappra frontsoldaterna –
mitt beskydd.

Nålsticken

Nålsticken av välmenta, hjälpande händer
har blivit till fält och fläckar
av smärta, svullnad och stelhet.
Det känns som om det inte
går att hitta nya öppningar,
nya skottvinklar
i det goda kriget.
Jag är färdig att kapitulera.
Är boten värre än det onda?

Jag vet att det är feberyra att tänka så,
men nålsticken, nålsticken...

Ronden

Vita, vänliga änglagestalter
och den store, trygge evangelisten Åbom
står hos mig i rum tio.
"Nu slutar vi med injektionerna
och nålarna.
Lite tabletter ska nog klara det sista jobbet.
Och syrgasen klarar du dig utan.
Var fri om händerna, fri om munnen!"
Jag ser på mina sargade händer.
Det hoppar till av glädje inom mig.
De vita gestalterna är borta.
Jag går ur sängen.
Därute på innergården lyser solen,
och där doftar barrväxterna,
och dit går jag.

De kallar det ronden.
Jag kallar det evangelium.

Fotstegen

Ronden kommer igen.
På nytt vitklädda änglar
hos mig i rummet
och evangelisten Åbom,
min favoritdoktor.
Också i dag ler han vänligt
och förkunnar:
"Det goda segrar, och det onda får ge vika.
Du kan gå hem tidigare
än vi tänkte.
Beställ du, taxi på fredag
och var hemma till helgen."

Fotstegen försvinner,
men glädjen stannar hos mig
länge....

*"Skönt ljuder stegen av dem som kommer
med budskap om goda ting."*
/Romarbrevet 10:15/

I dag mitt i Paris

I dag mitt i Paris,
mitt bland alla hårda bilar
tutande och körande på alla gator,
stod en liten lastbil
full med kvistar och grenar
översållade med rosa blommor.
Man hade vräkt ut det mesta på gatan.
Några män och kvinnor
plockade upp kvistar från gatan
och formade praktfulla buketter.
Vi som gick förbi hajade till,
stannade till,
innan vi gick vidare.

I dag mitt i Paris,
mitt bland alla hårda bilar
tutande och körande på alla gator,
stod en liten bil
parkerad vid trottoaren.
Bakom ratten satt en ganska storväxt kvinna
med en pappersmugg rykande kaffe
i handen.
Hennes ansikte utstrålade
njutning och frid.
Hon var alldeles stilla.
Det var i dag
mitt i Paris.

Omedelbar avgång

Karagandas flygplats i yrande snöväder
Incheckningen avklarad
och säkerhetskontrollen
Allt är enligt tidtabell, sa man.
Nu står jag, vandrar jag bland femti andra,
mest män, men också några kvinnor.
Salen stor som en fotbollsplan,
Dunkel belysning, smällande steg
på marmorgolvet
Brottstycken av samtal på ryska,
kazakiska, engelska
och japanska eller koreanska.
På plattan vår flyttfågel av metall,
inte helt släckt,
röda lampor på vingspetsarna,
svagt ljus i förarkabinen.
Små figurer upp och ner för trappan.
Här inne – olika slags väntan:
läsning under någon belysningspunkt,
rastlös gång med smällande klackar,
avspänt samtal, tystnad.
Tretti minuter efter avgångstid
går jag över jättesalen
tillbaka till incheckningsdisken,
efterlyser information.
"Ett tekniskt problem,
men inte med flygplanet!
Avgång snart."
Tillbaka i väntans utställningshall.
Frågande blickar.
Jag ger besked på ryska och engelska
men inte japanska. (Där går gränsen)

Olika slags väntan
ännu en stund.
Vandringen ut ur jättesalen,
genom gången,
de kalla minuterna i snövinden
innan jättefågeln hunnit svälja oss alla
och börjar rulla bort i mörkret.

Kvinnoöde

Jag kände mig ofta
enbart som en piassavakvast
och en könsvarelse,
en som skulle passa upp hemma.

Och många nätter var det
rena våldtäkten -
men jag var van.

Och att han slog mig
och riktade geväret mot mig
och hotade att skjuta mig,
när jag hade blivit troende,
var inte det värsta.
Ibland hoppades jag
han skulle göra det.

Utåt sett respekterad och trevlig.
"Vilken fin man du har!"
Ibland ville jag ställa mig
och skrika
och berätta för alla
hur det egentligen var.
Men det gjorde jag aldrig.

Så blev det lugnare.
Två fina barn fick vi.
Jag var nog lycklig ibland,
och Gud var ju alltid nära.

Och sen kom dagen
då jag hörde ambulansen

och anade att det var han.
Redan samma dag var han död,
och sen kom begravningen,
och det var inte det värsta.

Det var på söndagen sen
när vår dotter ringde
och berättade att han
förgripit sig på henne
när hon var femton.
Hon vågade aldrig berätta.
Hon visste att jag
skulle ha lämnat honom,
kanske dödat honom.

Vilken smärta, vilken vrede!
Hur kunde han?
Jag skulle vilja skrika ut
sanningen om honom
till hela världen,
men till vilken nytta?

Jag hoppas han vände om till Gud
och fick förlåtelse,
men hur ska jag kunna förlåta?

På tråden

Prick på slaget ringde du
som överenskommet
en välkommen, munter signal
om kontakt över land och hav
Du - från sen och kylig vår,
jag - i brådmogen, het ukrainsk sommar

Vad skönt att höra rösten
få utbyta små nyheter
få visa saknaden av varandra

du - överarbetad på dagen
och trött och ensam på kvällen

jag - delvis hemma
och ändå vilsen,
trött av att uttrycka saker
på ett språk
där jag saknar nyanser
trött av att känna vänskapen, värmen
och de oändliga behoven,
av att vara privilegierad
och ändå så otillräcklig

Vi två är som storkparet
jag glömde berätta för dig om.
Jag såg dem
på den skumpiga bussresan
genom sommargrönt landskap,
fick bussen att stanna,
steg ur och betraktade
de klumpigt graciösa fåglarna -

en i boet på telefonstolpen,
den andra på nästa stolpe

Så flög de upp
en först - den andra sen -
flög till varandra,
intill varandra,
landade på grönt fält,
hade nog redan glömt
nyfikna, närgångna
inkräktare.

Så flyger jag också
snart till dig,
min älskade.

Lösensumma

I nyhetssändningen i kväll -
livets sammanträffande
och livets ironi:
För det unga paret,
kidnappade i Dagestan,
begär man 16 miljoner kronor,
och samma summa
begär den unga kvinnan
som upprättelse
för Clintons sextrakasserier.
Det var för länge sen,
fast nu är det värt mera
när han är president.
Om hon ska köpas fri
för 16 miljoner,
vad är då det unga parets värde?

Jag tänkte fråga
den unge mannen
som gav lösensumman
förra gången
men tystnar när jag ser honom -
övergiven,
hängande på ett kors.

Ofullkomligt och ofrånkomligt

De ofullkomliga församlingarna
med dessa ofullkomliga kristna
utgör ändå den ofrånkomliga Församlingen,
Kristi Kropp.

Visst är kyrkorna irriterande
och pastorerna och kyrkoherdarna ömkliga
med fel och brister och pompösa ord,
svar på frågor som ingen ställde,
men Kyrkan, den fullkomliga,
finns där mitt i alltsammans,
och rätt som det är
skymtar den gode Herden fram.

(Hebréerbrevet 10:25)

Törstväckare

Endast en är Törstsläckaren,
men jag kan vara törstväckaren.
Endast Han stillar längtan,
men jag kan få väcka den,
låsa upp längtans rum hos andra
genom min egen desperata törst.

Här marknadsförs många törstsläckare;
den ena reklamen avlöser den andra.
Tillverkaren av Livets Vatten
anställer törstväckare,
söker dem vars törst
är så äkta och desperat,
att andra en efter en ställer ifrån sig
Coke och Pepsi
och Johnny Walker och Absolut
och börjar törstens riskabla,
saliga vandring.

Ännu står det någon kvar mitt i folkhopen,
någon som ännu kallar:
"Är någon törstig,
så kom till mig och drick!"
Än behövs det törstväckare.

Vägens folk

Han var Vägen och ute på vägarna.
Jag är förlägen och innanför väggarna.

Hans kyrka var stranden, stigen och berget.
Vår är så välbyggd i centrum vid torget
men synnerligen inomhus
och knappast längre världens ljus.

Och Vägens folk blir Väggens klubb.
Och Livets bröd blir mandelkubb
med kaffe, saft och tårta.
Ej längre vatten blir till vin,
och nästan ingen rör en min,
fast glädjens vin är borta.

Och glömd är sen länge vetekornets lag-
att dö för att sen kunna växa,
för vetekornens glada innebandylag
förtränger en så bitter läxa.

Nu väcks det en bön till Kungarnas Kung:
"Herre, befria ditt evangelium
från vårt monopol och våra kyrkorum!
I världen sänd ut det att växa!"

Klagan

Herre!
Jag är trött och stum i mitt känsloliv
och oviss om vägen.
De som skulle vara mitt stöd
förkastar mina käraste drömmar
och målsättningar.
En människa kan inget taga,
om det inte blir henne givet ovanifrån.
Hjälp mig att vara stilla och tiga.
Öppna en väg!
Till dess har jag slagit otryggt läger
i den mörka dalen.
Jag sluter för fönstren
mot den kalla blåsten och mot insyn.
Nu måste jag skydda och bevara
den gnutta av livsvärme som finns.
Det är inte säsong nu
för uppknäppt jacka och frejdiga leenden.
Nu handlar det om överlevnad -
att överleva vintern i en solfattig och kall dal.
Jag ser fortfarande bergstopparna,
där solljuset flödar.
Jag vet var utsikten och perspektiven finns.
Men jag ser inga stigar som leder dit.
Än så länge måste jag stanna här.
Hur länge måste jag stanna här?
När ska en stig synas framför mig?
Jag klagar - men jag vet vem jag klagar inför.
Jag vet att Han hör mitt kvidande
och mina frågor.
Om det dröjer innan Han svarar?
Hellre väntar jag i Hans tystnad

än går efter de mänskliga teserna -
antiteserna - synteserna.

Så länge Han är tyst finns det hopp.
Så länge Du är tyst finns det hopp.
Att finnas i Din tystnad är sällskap nog.
Tala eller tig, Herre! Din tjänare hör.

Kris

"Krisis" - (grekiska) - avgörande, dom, domstol,
"avgörande vändpunkt"

Det är kris nu -
inte en olycka utan en domstol för min framtid,
inte en katastrof utan en avgörande vändpunkt.

Vad är stilla ödmjukhet och vad är brottslig feghet?
Vad är tålamod och vad är räddhågad tvekan?
Vad är hänsyn om friden och vad är brist på kurage?
Vad är trossteg och vad är högmod?
Vad är en vision från himlen
och vad är förmätna fantasier?
Vad är Guds stopptecken
och vad är djävulens snubbeltråd?

Det är detta som är krisen.
Att gå kan vara farligt
och att vänta kan vara ödesdigert.

Är visdom krislösaren?
Visdom - att tillämpa kunskap
på rätt sätt och i rätt tid?

"Men om det brister i vishet hos någon av er,
så ska han vända sig i bön till Gud som ger åt
alla, villigt och utan förebråelser,
och han kommer att bli bönhörd.
Men han skall be i tro, utan att tvivla,
ty den som tvivlar är som vågsvallet på havet
som rörs upp av vinden och drivs hit och dit.
En sådan skall inte räkna med att få något

av Herren, inte så länge han är oviss och
vankelmodig i allt han gör."
(Jakobs brev, Giertz' övers.)

Är detta den verkliga krisen och domstolen -
om jag tror eller tvivlar?
Herre, jag tror. Hjälp min otro!

Grodperspektiv –
tronperspektiv

Herre, jag skäms!
I stället för att hålla fast i tro vid visionen
och liksom se det osynliga,
har jag gett upp -
låtit drömmen dö,
låtit trons sköld falla
och låtit alla fiendens pilar
träffa och gå in djupt.

Med dig är jag en segervinnare.
Andra ser mig också som det.
Du ser mig som en potentiell segervinnare.

Men jag ser bara hindren -
mullvadshögarna,
rännilarna, sytrådarna,
som Frestarens optiska illusioner
gjorde till sylvassa snömassiv,
skummande floder
och ståinor.

Så kommer en man förbi,
sätter upp handen för synvillorna
och pekar uppåt.
Och plötsligt ser jag hur det är,
hur lurad jag var.

En skymt av det osynliga,
lite tronperspektiv
i stället för grodperspektiv.

En planta växer upp ur askhögen.
En hand räcks mot mig
med en plan, en ritning
av eldfast och syrafast material.

En röst når mig:
"Du har ofta bjudit mig till ditt program.
Nu bjuder jag dig till mitt.
Jag har väntat länge.
Kan vi gå nu?"

En ny hållning -
livshållning,
Livets hållning:
Rak rygg,
huvudet högt,
lyft blick,
fötterna på jorden
men det osynliga i sikte,
hjärtat i himlen,
fötterna på jorden,
vision och ansvar -
Livets hållning -
tronperspektivet -
sitta med Kristus
i den himmelska världen,
på viskningsavstånd
från den Allsmäktige.

Den kosmiska dansen

Den kosmiska dansen,
äldre än bergen och stjärnorna,
ändå ständigt ny –
den treenige Gudens rörelse,
andedräkt och sång
från evighet till evighet.

Ackompanjerad av änglarnas körer
och tillbedjan:
Helig, helig, helig är Herren Sebaot,
Fadern, Sonen och Anden.

Jesu Kristi Fader, Guds älskade Son
och Kristi Ande,
Guds Helige Ande,
de sju andarna framför Guds tron,
Lammets sju ögon,
HERRENS Ande...,
Anden med vishet och förstånd,
Anden med råd och styrka.......

En kosmisk dans, där än det ena,
än det andra
ansiktet skymtar, klarnar, övergår i nästa –
Treenighet, enhet och mångfald,
tusen ansikten och röster,
och mäktig musik på Kyrkans orgel,
där miljoner stämmor och pipor
genomandas av Gud och ljuder,
miljoner ansikten återspeglar
Guds härlighet,
skiftningar och reflexer

av den kosmiska dansen

".…Gud skall vara allt i alla."